chili verlag

Sören Heim

*katha*Strophen

Experimente

in Rhythmus und Melodie

Gedichte

chiliverlag

Im chiliverlag erschienen (Auswahl):
Glasaugenstern, 101 Gedichte von Alex Dreppec
Fassadenflucht, Politische Dichtung der Gegenwart II
suchtraum, Sandra Stubbe, Roman
Herzschlaf, Gedichte und Kurzprosa über Trauer, Trost und Hoffnung
Stimmwirbel – Gedichte, Michel Ackermann
Machen! Silben, Sätze, Sensationen, Marc Mandel
Gatti – Katz'n, 21 krasse Katz'nstories
Kodex Rosebud, Hans-Jörg Kühne, Roman
Kiss Me Cyprus Hell, Miriam Sonntag, Jugendroman
Abschreibungen, Lyrisches und Satirisches von Stefan Krückmann
wir wölfe – Gedichte, Eine poetische Hommage an unsere Tierwelt
Verstummung, Tier- und Naturschutzkrimis
Pappalappa Mirzapan, Gedichte für besondere Kinder
Tanze mit Raketenschuhen – Dance with Rocket Shoes, Wissenschaftsgedichte – Science Slam Poetry, Alex Dreppec
Kammer der Tränen, Vatikanthriller, Ingo-Maria Langen

1. Auflage März 2017

franchili / 52

Detaillierte bibliographische Daten sind unter http://dnb.ddb.de bei der Deutschen Nationalbibliographie abrufbar.

Gestaltung, Layout, Lektorat: chiliverlag
Printed in Germany

ISBN 978-3-943292-54-1 www.chiliverlag.de

wahrlich, wir leben in glühenden zeiten
die sich in sumpfenden bergen
die hinter blühenden werken
goldblätternde lichte bestreiten

Sören Heim

Inhalt

Vorbemerkung

Experiment. Dem Wort haftet in der Kunst etwas von Beliebigkeit an, und vielleicht nicht zu Unrecht. Dass etwas *experimentell* sei, wird gern vorgeschoben, um Freiheit von allen Beschränkungen, externen wie werkimmanenten, zu rechtfertigen. Dagegen soll hier das Experiment in seinem klassischen Sinn als Versuch begriffen werden: als Versuch, Stoffe zu formen, die uns mindestens ebenso sehr finden wie wir den Stoff.

In mehreren „Reihen“ werden in diesem Band gebundene Formen in immer freiere Experimente überführt, wobei Sprachmelodie und das Spiel mit Anklängen und Dissonanzen den sowieso überbewerteten Rhythmus der Schulbuchgedichtsanalysen zurückdrängen. Erweisen wird sich, hoffentlich, dass die freie Form am Ende, obschon nur noch für das je einzelne Werk geltenden Gesetzen gehorchend, in sich nicht weniger streng ist als die äußerliche „Strenge“.

Das wäre dann *Autonomie*, oder: deren Abglanz wenigstens, jenes Kunstideal, das, obschon uneingelöst, dem Traum vom guten Leben einen Kratzbaum hinstellt, an dem es sich zu reiben lohnt. Wir sind in diesem Bild, wie es sich fürs gute Leben gehört ... nun ja: Katzen.

Um- & Ent-klammerungen

erwägungen, ein rondeau

... und andrerseits? wenn er einfach ginge
mal angenommen, gäben sich die dinge
dann auch noch hin? und wem? sich übergeben

dem sogenannten fluss, dem leben
einem auch grad so genannten. könnte man?
und sollte er, nur weil er könnte? kann

er nicht bleiben, unentwegt, sich dann
schildkrötlettern weltein schreiben
vorparpiern wie jahresringe? und andrerseits ...

I – gebrochne Terzinen

in alleen geschrieben

langer herbst. so unentschlossen
wie die blätter hängen in den straßen
gesichter, und können nicht

von bäumen lassen. und schütteln
sich und trotten fort, bedächtig
schenken sie sich, seht, blicke

und ein sorgend wort, und hoffen
doch dass endlich, mächtig
sie kalter blauer wind verweht

wassergleichnis

lind steigt morgen vom see
schneekönigin nebelhand
flötet vögeln ihr windlied

und mauersegler schlaf luftig
grau reiher traum edel ruh
nachtgewand schilfes verweht

dazu ein wenig vom kalten starren
das harrt geborgen, irdentief
bis ton sinkt und zerspringt

klagelied

diese hundssternwinter. schnee
dörrt auf feldern und gilb
laubhaft verweht er und spröd

dies dauernd herbsten einöd
hundejahre vergehen nicht
kein silbern sonnen steigt auf

oder ab – dieser graue klare
gemeine trott, allweltlich lauf
geduld. dies hündisch *da*sein

jubellied

verzwitscherte zweige
springende punkte
des frühling

grün weben triebe
singen
durchleben gebüsch

sperlingstanz frisch
treibt winters arg klingend
zur neige

sich ringelnd reihn dazu
will heut auch
mein jugendich

sommertiefe

gehn in den abend. unterm mond
kalbt fluss gedanken. schwere
hängt der rote mond

treiben im lichte. ungewohnt
sind häuser. ferne ufer
glühen. geschichte

ihr silbrig schreiben. nachten schont
geister nicht. ziellos schweifen
haus mein. verbotner mond

geblüt

gethsemane. ein ort sagt: geh
golgothanach: wo sich gott
einen menschen brach

die gartenfrucht, das
malchusohr: spross aus
erbrochenem hervor

ein wort sagt: seh. ein dort:
versteh. gethsemane
gethsemane ...

straßen des ersten

zerfetzte körper glühender engel
feurige raupen blühender nacht
rotten zersetztend, im pelzig

im brandigen tao:

vielflüglige graunasse falter ...
... so zittert im findling das alter

erleben starb. und sah sich, erneut

aus klebrig heißem umarmen,
in bittre kälte zerstreut.

im halse

du kannst sie aber suchen
in den büschen diese blumen
des belanglosen.

du magst sie dann auch finden
wie du willst
ich finde nichts daran

auszusetzen
ist das schreiben bis auf weiteres.
dennoch weiter geht's, verstammelt

blühen die schwänze
der wasservögel wie gedichte
im rosmarin.

II – Zwölfender

camera occulta

haselmaus nagte an rosenkranz
göttliches fügen umschloss das, ganz
dunkelheit warn kette und tier
und trockne luft stand im hier

da begann wie von dumpfen chorälen
getrieben zu schwingen ganz leis
der apsis, unheimliches singen
weiß herzen und ziegel schälen

und haselkalk und rosenquarz
verschlungen in starrem tanz
ins licht gerückt von gläubigem wort
staubten frei fort so: verzückt

vivienne

sie trat aus dem walde, den schopf voller herbstlaub
und mit spinnen im haar, die das blattwerk kaum barg
sie schmiegte sich an die wartenden hütten
„es wird kalt“, sprach sie da, „es wird kalt“

und sie pflückte sich bald aus der krone den freier
und sie pflückte den goldnen wie voriges jahr
tief blühte das feuer in dunkelnden haag
und sie sprach „es wird kalt“, so berückend

schon entspross es wie eis dem schopf voller herbstlaub
schon ging sie in den wald, blaue blumen im haar
und es folgte ihr der, der der goldne einst war
und er grub ihr im rocksaum nach krumen

welt-geist

das lichte rauschen eines weißen zuges
ist wie ein schnitt im ausgelaugten lauschen
des stillen orts. ist voller glühen
ist wie das weltenspiel des herbstausfluges

der kraniche. doch greller. voller lachen
als blickt die stadt kurz auf das land hernieder
als säng es da erlebens schwangre lieder
vom überbordenden und ungedachten

wies dort sei, draußen. und im fliehen
quäkt es nur lockend so: verziehen ...
dann fällt der zug schon aus dem blick
und alles. alles dumpft zurück

rhimbaud

treidlerschemen, schwer, unter robinien
klettern vom kanal nach glückstadt hoch
empor. in fenstern, augenhöhlen, flackern
luminen tastend, tränend, nimmer satt

akazienschein wirft kichernd über himmel
ein eilges grau. und hölzern, wassermatt
ziehen sich leiber, die es ausgespien hat
lecken sulfur von brackem münden. krümel

treidlerschemen, düstern eingefallen
lemurngespanne, schleichend, glücksanstatt
begnügen sich auch mit mandarinenschalem
zehren von nachtschatt & treidelgrünem

der bär antwortet

ursa major. der diamantne
kaltnackte stangenbär. er
zieht leeralternd kreis um kreis
und polaris blinzelt, heiß

ist ein jeder stern, für sich
ist raum ein stangenwald
gemeines träumen, kopfgemalt
schluckt sonnwindmonadenlicht

ursa major. der so genannte
große bär treibt, bar des fells
auch ohne ziel, hell, durch die nacht
er hat uns nichts mitgebracht

pittoresque

ein ecklein hinterm übrigen
gehöft. da sitzt ein wichtel
raucht und träumt, und dösend
geht der tag ins land, wies

haus an haus gehaget ward. und
hier mischt dung und blöken sich
der wichtel, und gibt dem gemisch
noch seine eigene metöken

quarzig dufte note bei. es denkt
da mir, dass bald erlösen
wenn nicht, des ungesagte saat
in diesem ecklein grad so sei

begränztes

seltsamer haag. so undeutsam
als habe man ihn für die vögel nur
belassen, die dort manchmal ruhn
und von gräsern zehren

einer passiert (das haar zerzaust
der wind) grad diesen fleck
er träumt sich halb, und fällt schon aus
dem blick. dreizehn gänse stieben

seltsamer haag. so triftig doch
als habe man den tag darum
gruppiert. und grenzende häuser
und menschen
verlaufen
in grün ...

nach allem

die perlen: augen. die ihren tod
kommen wussten. und das abendrot
zu andrer zeit in jene leinwand falten
die nun die späte blumge sonne lichtet

der taube stumpf liegt himmelweit
noch ist ein hauch von warmem. nah
wellt geleb beim ufer schlick
und bricht (und dies, ihr gliedmaß

zuckt elektrisch). ewig fließt nur kalte
nacht zurück in kaltem tag wir halten
inne. im verauschen fetter stare fragt
dämmern falb. seraphen stimme –

„all das: wer hat's uns angerichtet?"
ein jeder engel ist schrecklich

menetekel

gerade so lesen, wie in einem buch.
jene person aufklappen, mit dem skalpell
hoch altertümliche worte ausschneiden
zeichnungen von innerlichkeit. auf dem süßen

fauligen flügel spielen, der hebt sich und senkt
dies kratzen zwischen die lebenden
töne, dieses *geräusch*: dies in licht bilden.
o castorp! was ein leuchtturm bist du

des vermittelnden maße, tief im gebirg
unter lenzen und hölderlinen
im spiele der sphären

und mahnmal auch der unsrigen zeit
so ungemein kalt, evangelisch

eurṓpē

die haare frisch geschnitten
die wangen rosen rot
wie gut passt heute grad der staubge
frack

der räder klackern, hufgetrappel
die kutsche dunkel – schwer
ach ist das alles nicht idyllisch
reisen?

da schlendern frauen mit kleinen kindern
da gehen in langen wintermänteln
jene herren grauer falten, freunde.
da trottet trübe ein alter am stock ...

und alle schauern leicht vorm fernen, leisen
mirologion, das weht vom kirchhof her
trauernden, um dich, in aller
stille

zeichen

ins spinnnetz sacht
fällt der sonne herbstlicht
matt silbrige karden zittern im hauch
eines tückischen windes

der schleicht um verschraubte
sich noch bergende schlackse in scheckigem laub.

da staubt tau. da zupft es am faden.
da wacht die giftge, die lauert

da zergraben haarige zangen kauend ein tiefrotes blatt.
auf diesem steht brüchig
unverbrüchliches auch:

du kannst kaum des winters mehr leugnen.

heliostase

wohl wars ein geistlicher herr, der in diesem dunkel
– doch weis waren felder von schnee
widersprachen der nacht –
zum dorfe her kam, und er brachte in leder uns schrift.

wann immer – so er – ein feuer zu lange im rücken
der erde euch brennt
lest hieraus nur wort um wort vor
das macht golden euch innig
und beine dem zagenden morgen
wir wolltens versuchen – fort nun – wir dankten sehr.

wie ein geist verschwand er
da schon wieder in dunkel
seine spuren bald tilgte lachend der sonne früh rot
und halb weinend gab winter
auch seinen segen zu.

III – Zerfaserungen

späte minerva

lauerst wie mond hinter wolken
in blass gilbem dämmern

geschichte   menschen   gesichte   sulphur

trauertreu kauz
von fiebrigen schwaden umschmeichelt
staubiger schleier
drin feuer die äuglein rot glühn

sieh dass du himmel gewinnst
ehe die moiren dich würgen

sokrates

im felde zerstreu ich mich, spähend
nach *conium maculatum*

kupferner krebs am stil
blattgrün, wie beißende sägen

tags wandle ich unter mausgrauen schafen
– gespräch unter drängenden augen –
und streichle
schwer haarige schweißige pranken

blüten wie falschirmjäger
frucht wie braune granaten

tags beug ich mich unter wehen gedanken
unter sengenden sonnen, und taten

doch abends, im felde, zerstreu ich mich

conium maculatum

der blüten zweie

hab zwischen den regalen
hinter der ausgestreckten hand
ein altes lächeln blitzen sehen
und solche schwarzen augen
die kannt ich noch von andren, blauren, zeiten ...

ja. jener schemen, der an alledem
dranhing wollte einst zum monde
gehen und zurück und wieder
auf freisten, leichten, freiersfüßen
– durchfurchter mond, du
unser graues band ...

... etwas erinnern spielt um frische falten

und da ich später, mit der pizza
an der kasse stehe, denke ich
an gänzlich andres. etwa wie
sommers spät, wenn raue winde wehen
auf welken mohn sich zarte tränen senken

wintersonnwende

dampfender fenchel, auf taubbraunem tisch
hat die blicke der dohlen auf sich gezogen
die vorm staubtrüben fenster auf krüppelwalmdächern
im fahlen nebel ihr leuchtendes schwarz
jedoch dazu nimmer trauer tragen.

einsam zwitschert im ginster die meise

warm wallt sein dunst. wie honig, doch herber
und wohlig lau unter lahmenden flügeln
da tränt und da trieft rot die nase.
sag, entrinnst du wohl heuer noch einmal
dem stickigen brüten farbloser tage, von campher?

sind wünschelruten: die bebenden rostra
                                        der dohlen.

ja, auf deinen schultern lasten siech und gemäuer.
die lauernden augen der vögel dringen dir zu
als ob sie all deine schwächen gar ahnen.

du träumst kali yug, schwärze die anschwillt, zu rächen
ein wind geht. das maar steigt. abend
                        sinkt leise.
dampfender fenchel. auf staubbraunem tisch

der dichter als bürger

hintergedanken, im garten, gepflanzt:
ist mein hintergarten

vorne heraus frau und kinder, ein automobil, und
gardinen
das zwinkernde häuslein im duste.

mein wintergarten. wo es friert, wenn im ofen das
feuer
und kohlen, und auf dem tisch
die gulaschterrine qualmt, und wir strecken die beine
und sie tänzelt her von der küche noch rasch mit dem
weine.

im hintergarten hege ich blühende leichen,
die sprossen aus ewiger jugend
im wintergarten ziehe ich furchen in künstlichen
schnee, immer weiß
mein hintergarten, voll jauchzen und agonie
und morgens halb 7 die fahrt dann zum kindergarten

im wintergarten: ich lese früchte, aus kaltem.

und vorn raus gelupfte gardinen, frau, gulasch,
ein automobil

das zwinkernde häuslein im duste

das blieb von glöckchen

den hast du vortrefflich zerspießt, diesen unscheinbaren
puppenleib – staub. du nämlich, der durch wiesen und
felder
streift, du, der fänger im schatten mit knisterndem netz

du hast die stieligen augen betrübt. du hast dämmerung
über die bunten flügel gelegt. du, fänger im schatten
jagst farben und sie ergehen dir später dann, manchmal,
im lesen
grad wie sie den träumern entgingen

o! schaue dem schmetterling nach, wirf ruhig dein
gedicht
fänger im schatten
du streifst durch wiesen und felder gilbet dein schritt
fänger im schatten
o schaue ins pfauenaug – blickst du dich nicht?
fänger im schatten mit klistrigem netz

du hast den vortrefflich zerspießt, diesen wunders
waren
puppenleib – staub. du trübtest die stieligen augen, du
nahmst einem engel die luft. du zogest die seele von
knisternden
schwingen wie je. die tiefen fraktale zersprangen
und freiten dich

– vermagst du sie immer noch fügen?

im plaudertone zu lesen

g'wiss, zwar sprechen dir zeitungskasterln
noch babelisch zu
und auch von plakaten, reklametafeln
von litfaßmasten schallts tausendreich
und wie fernwehend murmeln die straßen

bratisláva. budapest. zahorie.

doch du findst keine ruhe hier:

im alltagsgedränge hastend gehetzter
wenn ampeln sich öffnen wie schleusen
wenn die fußläufge stadt maschinen zerheulen
in regsam berückender enge

und das leuchtgelbe M springt dich an,
vom gasthof zum goldenen tor
und von st. stephan der bausparplan
‚s murmelt doch wo: ‚baba, pfiat di'

g'wiss, da ist das höflich gegrantelt
„g'statten sie"
im einundsiebzger, eines älteren herrn
und g'wiss, die häuser zerfallen,
so gehörts sich
noch immer in stiegen

und noch immer palavern hie und da pförtner
„den hoiwen tag mit'anand"
oder schlucken stumm rauch, in lüsterne lungen

und du verweilst noch gern in manchem café
oder spät, zwischen gräbern, wie feuerzungen
beim zentralfriedhof, unterm klagen der krähen
im abendrotsummen der fliegen

doch hab ich, meltzer, dein wien nicht gefunden
    die gestundete tiefe der jahre

man ergeht sie sich noch
in endlosen alleen
im prater, vielleicht
im herbste, jenseits des stern
wenn alles still gilbt,
und leise spielt wind mit haaren

dann bleibt man wohl kurz, in sich gekehrt, stehen

von flanierenden träumen umwölkt

Gesänge, Schreie, Monstren

lenz

was weht dir zu?
ein hauch von blau
es ruft dich: du
verlorner, schau
ein blatt im wind
im morgengrau'n
stehts flüsternd lind
ein stiller traum
und lettern sanft
versprechen lau
der fernen hand:
ein hauch von blau
was weht dir zu?
was ruft dich? du ...!

I – Hymnen

zwischen zeiten

heute nacht kam mich die mondfrau besuchen
        und nebel lag zwischen den bäumen
        und die nacht war still war kalt
        und die nacht war kurz
und nebel lag zwischen den bäumen

wega stand im zenit leuchtend
        wie ein diamant unter diamanten
        wie im spiegel heros laterne
        und ich schlug leise der mondfrau die leier
und die mondfrau lächelte verheißungsvoll

halbwachend zieht seine kreise der göttervater
        heute kam mich die mondfrau besuchen
        er macht jagt auf mondfrauen hat bereits vier
        und nebel lag zwischen den bäumen
unsre nacht brannte die zeit stand still

und wega zog westwärts leuchtend
        und flackernd wie heros laterne
        und nebel stieg auf und hüllte
        die nacht in geheimes glühen
barg das unsagbare – die leier tönt lieblich

ihre haut ist wie schnee ihre augen
        sie ist feuer wo wir uns vereinigen
        die mondfrau lebt die sonne stirbt
        und des tages die augen wie kohlen
sie fürchtet den göttervater – liebt mich des nachts
        (und schweiß rosenwasser)
wir fürchten den göttervater – und lieben des nachts

dann treibt orion sein schwert zwischen bebende
körper
dann verscheucht die mondfrau der treue
vollstrecker
dann bricht der tag an, und herzen
und ich erwache mit staub auf der zunge
(es ist gut)

und ich erwache und träume
und nachtigallen lallen noch liebesworte
und ich erwache und warte
und die leier bleibt stumm
und ich erwache und weine
und ich suche heros laterne
und ich erwache und träume

von der mondfrau

ein abend

auf einer eisenkalten
parkbank unterm vielbeschworenen
mond – grad trat er, halb, durchs goldne tor –
da saßen zwei und stellten sich
leben zu zweien vor.

er dachte: „wie wunderbar
dein silbern licht – die heutge nacht –
ihre milden züge betont. und die stupsige
nase, der brauen schwung, das schwarze haar,
und wie es rot
von ihren wangen dimmt“. er dachte: „welche
anmut malst du, mond, in ihr gesicht“, und dachte:
„lieb mädchen, ach, küsse mich“

> und durch den schatten seines blickes sah
> er ein eichhorn huschen, und dachte: „ja
> gut ist's, wenn man sein glück
> fest in die hände nimmt“

und sie derweil: „herbstnebel steigt
der weiden arme neigen sich
zum weichen fluss hinab, und wasser plätschert
hin. und grüne blätter taumeln dunkelnd drin
vogelgezwitscher schlummert, die blätter
taumeln taumeln und tanzen, verzweigt
durch mondlichts geglitzer, fließen
verfließen
bis es wohl schließlich trübe tagt.
was“, dachte sie
„wenn wir solche blätter sind?“

und jagte nicht wie schwarzer mar
durch ihr sinnen ein marder da?

so saßen beide lange allein
in all zu schmeichelndem mondenschein
saßen gezeichnet schön und stille

so ward ihnen himmel klein
den eisige sterne streichelten
und ihnen schauderte vor idylle.

hoch drüber trieb, pleyaden,
hyaden,
der ewig sich sehnenden, schar

materialistisches liebesgedicht

i.

in kalten maschinentagen
– die maschine der tag
helios das setzend gesetzte –
in solch kalten maschinentagen
– abstrakte konkrete tage
die hinter der schlafenden rücken doch
einbrechen scheinbar unvermittelt –
in solchen tagen also
tage wie auf schienen
wie gewachsen aus bleiernen schöpferhänden
– doch kreisend, kreisend,
ziellos wie der zeiger der uhr –
nun in maschinentagen oder anderswann

ii.

da: kreuzen kämpfende die blicke
da sich ihre wege kreuzen
– zwei zufälle, womöglich –
da treffen sich zwei
um die waffen zu strecken
– auf halber strecke, oh
könnten wir uns
doch darauf nur
verlassen –
und
da rümpfen zwei zärtlich die näschen
sich zu beschnuppern
und

da heben zwei ihre arme
zum schlag nicht
zum gruße ists
zum allgemein
menschlichen
– das was man eben allgemein hier nennt
das was eben hier menschlich man nennt –
in kalten maschinentagen, zwischen den
zeigern
da treffen kämpfende sich
um mensch zu spielen
weil freizeit

dann heben sie an
sich zu taxieren
– kann ich mich zwecks gewinn
im andren verlieren? –

schon vereinigen sich
sie im fast zeitlosen reich
zerwühlter seide zum kräftevergleich
und wer immer zuerst
dem andren erliegt
hat verloren wohl – oder
obsiegt?

iii.

man gab der welt so
etwas wärme zurück

in kalten maschinentagen
– die maschine der tag

helios das setzend gesetzte –
        in solch kalten maschinentagen
– abstrakte konkrete tage
die hinter der schlafenden rücken doch
einbrechen scheinbar unvermittelt –
        in solchen tagen also
ist intermezzo glück
– das was man eben als glück hier kennt
das was gemein man hier glück eben nennt –

                        und ziellos, ziellos
                        greisen die zeiger der uhr

II – Weltmusik

anhalten

vorzeiten
sprachen die straßen, als
dichter reisende waren und
reisende dichter und
morgen fernfahrig

stumme straßen! geknebelte wege!

zeit währt stunden, heutig weilt
leben schallenteignet.
verkehr-
te welt, bleibt:
nur kieselbackig gegen den wind brüllen oder
spaltzüngig schweigen: gegen geschäftige limousinen,
im kofferraum freihandel schreit: sind wir schon
über die grenze?

und gegen reisebusse, gestopft
mit sozialverträglichem frühableben. die tuscheln
hintergründig
weisheiten und wahrhaft u-topisches.

dann gegen heimatlose, die speditieren
dumpf vor sich hin und dieseln
langsam löcher in die stratosphäre

zuletzt,
wenn du ein englein währst, gegen die vögel,
die kerosinen picken und safarinen füttern:

dagegen schreien und schweigen.

krumme straßen. gepflasterte verträge.
dumme straßen. gerasterte wege.
süden! kommet, ihr kinder. nach süden, nach süden!
der steht zum verkauf.
und der dichter grenzwortigt
atemlos globalisierung, der reisende schweigt oder
schreit.

stummes rasen, überhastete wege. fragmentarisch
stillen die väter
der schreibtischpolyphonie, und der reisende
lutscht am daumen. nicht mit uns, stottern die
gefreiten plätze, weil:
symbolteuerung.

um zu verstehen:
zeichenhörigen. schreiblind tasten, abgas
rußfiltern und geschichten finden? erinnern, vor allem
erinnern, an
vorzeiten.

vermummte straßen, eingehüllte wege. nur
wegen des sonnenbrands. also:
trotzdem den daumen raus, feucht. nicht beißen,
kritzeln.

ein klischee, einen traum, einen freund, oder koksende
manager und hippies
mit bus. und vielleicht
ein gedicht. wildösterlich am asphalt horchen, den
stein
rollen. reisender sein.

dichter sein.

cap: anamur

unter nachthelleren himmeln, in versteinerter zeit
großer zeit.
orientalisches rom, komma
zwischen zwei sätzen des gesprungnen poseidon.
salziges weißes rauschen:

der herbstliche wind prickelt angenehm
die nekropole hallt wider von kehligem gesang.
versprengte
verlieren sich absichtsvoll
zwischen odeum und byzantscher kirche

hier wurde schon andres verloren.

das schiff schirmt die stimmen
ab von mir. und zirruswolken
verhüllen die götter. versteckt
zwischen sternen, alte wie neue.
nur ewiggleicher zeus du
schaust herab auf mich, verändert.

zürnst du noch?

zum morgen fällt nebel, von tauris, im norden
mit deutscher schwere
vor einen gerade den meeren entstiegnen
altgriechischen mond.
und unter den schleiern, am horizont
türmt schwarz sich ahnung:

ahnung von zypern. dorthin flogen träume
in bauchigen schiffen. dorthin flogen träume
bevor noch städte, die ruinen wurden
erstanden. dann folgten schiffe.
eiliger vater, zeus, zürnst du
weil du mit diesen träumen dich nicht konntest
messen?

ich harre benebelt unter ruinen.
ich verabschiede sterne
die götter waren.
und ich schaue zypern.
und ich folge schiffen, wie bauchigen
träumen.
und ich glaube morgen!

wird ein tag.

kosovë. ein singspiel

i

und des abends steigen sie auf, zur feste
schnaufend und lachend
keuchend und plappernd
oder rasch noch was auf dem smartphone tippend
und dann, hastgen schritts
durchs gewölbe, die treppe
und sie setzen altem verfallnem gemäuer
die krone auf
schwarze, hochlebende zinnen
ins lohend glühende blau
und sie heben die köpfe, die hände, die stimmchen
gegen sinkender sonne rotgold

hernach, hernach! ich wollt …

vortags, *prishtinë*, die wogenden gassen
durchwogte alleen
getuschel, cafés. das spiel der *fëmijë*
in pulsierenden straßen, zwischen sprotzenden,
klappernden wagen:
das träge fließen des grauen verkehr.
„nur fort aus dem ödland"
so sagt mimoza, „die köpfe
noch krater, und brache, und tod"
„die berge", *arjetë*, „die freundschaft
familie. die nacht, o mein lieber!
das brot und der wein"

dann tritt lächelnd ein kleiner heran an die tische
singt für ein paar pfennig, bittet und tanzt
und beide „hier siehst dus", und blicke wie gold
grad als sei eine jede im rechte ...

und blicke wie gold
hernach, ich wollt,
als sei eine jede im rechte ...

ii

im burghof hoch husten winzige wolken
glimmend und glühend
schnappende munde
zur dämmernden stunde, auch gar die ganz jungen.
und dann, in die stille,
in die fülle, die eintracht:
tobts aus dem tale wie grelle sirenen
tobts wie uralte walesgesänge
tobst um fahle steelen und säulen.
in nasskaltem rohbau, antikem gemäuer
erglimmet ein anderes gold

hernach, ich wollt ...

vortags, *prishtinë*, die blicke der heilgen
auf flüsternde pärchen, auf majongspieler
über manchen eiligen anzug.
„zur uno, zur nato, da mehrt sich das geld"
so sagt es mimoza, sagt „inzest und weltschmerz"
sagt „wer hier bleibt ist nicht dicht
oder dichter"

und sie spricht von kasinos und neuen moscheen
von verfallenden schulen und gärten
und arjete, „sind unsre kirchen nicht schön?
alles weitere, das richten die jahre"
zwar steigen die heiligen nicht von den säulen
nicht tony, nicht william, nicht gerhardt
doch naht vorerst freitag, und sold der soldaten

hernach, hernach! ich wollt ...
nach sinkender sonne rotgold

iii

und erst spät steige ich herab von der feste
taumelnd und tappend
keuchend und lachend
und rasch noch was auf dem smartphone tippend
und dann hastgen schritts
durchs gewölbe, die treppe
blick zurück nach gekröntem gemäuer
schwarze, hochlebende zinnen
und lohend, mein lieber! die nacht.
„wer hier bleibt ist nicht dicht
oder dichter"
hatte mimoza gesagt ...

o sonnengold tags! o nacht, du noch lichter!

aushalten

mit erwachen im düster motoren

sonores summen der lastkraftmaschinen
und viertaktgeplätscher
keilriemen zwitschern
des gas und der bremsklötze wechselgesang

wandelt mich lust an die taschen zu packen
schneiden mir schulterab beißende striemen
erinnerungen, heiße, ins fleisch
und mich ziehts nach benzin und nach rastlosigkeit

zur tanke gerad um die ecke
und drüberhinaus, in die welt.

denn wir liebten uns da und die sengende sonne
des süden
im patio unter palmen, glaub ich, in endlosen parks
wir staunten vor gotischen kirchen und
blühnden balkonen
zwischen tukanen, schnäbelnden tauben,
taumelnden bienchen

ich erinners genau wie die kälte des gestrigen tags
der bockige pan, er ritt auf den wogen des zephyr
und die weiße selene von unverbrüchlichem dort
ich blies wandrern die flöte, schmiedete körper in verse
oder hieß ich dich venus der meere voll herbem
geschmack

einmal würgte joaquin gewaltsam den zephyr ab
und wird zogen zu fuß, zu zweien, bestirnt,
durchs gebirge

und wir lebten von krumen zwischen bebenden
ramblas und stränden
und vom abfall der fracks am theater aus tüten
und tonnen
wie schnäbelnde tauben, glaub ich, wie
taumelnde bienchen
selbst, ich erinners genau und wir liebten uns fort
o goldene jugend o ewige salzige winde
wie sahst du uns verströmen und fließen und
schäumen und enden!

mit erwachen im düster motoren
sonores summen der lastkraftmaschinen
und viertaktgeplätscher
keilriemen zwitschern
wandelt lust mich an taschen zu packen

zur tanke, hinaus, in die welt. und ich folg
dann manchmal zögerlich keimenden träumen
und ich humpel den weißen korridor ab
methylruch durchzogen, voll ratlosigkeit
zwischen federn und watte
zwischen schmerzen und säumen

bald sink ich herab schon wieder in laken
freiheit! sei den gesunden.

II – Monstren

du riebst mich, ungeheuer, auf.
ich ungeheuer schrieb dich auf

versuch über ares

ich sah ihn gestern so: beim arbeitsamt
grimmen, leeren blickes, in der rechten hand
(die sehnig, grau und kantig das gesicht
und rau die haut, die hosen abgetragen
das hemd befleckt, und schief der kragen)
verglühte leise eine zigarette.
ich sah ihn gestern so, ganz reglos stand
er, fest, doch krumm, stattlich gebaut
einst wohl (das: hinter wehn versteckt)
als ob er was zu sagen hätte (doch wer spricht?)
ein denkmal zähen fleischgewichts.

da entriss ich jäh ein bild den moiren
obschons, mag sein, die federhand entstellt
ein knab' ihm zur ihm seite, höhlengeboren
dann er allein, suchend auf erdnem feld
von apolls schoße, frucht der unterwelt
bald zeusveredelt. und dabei doch ton
und so verlassen, nie ganz ausgefüllt.
ich denk ihn, eh! gott, mensch, göttersohn!
und dann denke ich: was heißt das heute schon?

er sprach zu mir! „was guckst du so?
lass mir doch bitte grad die ruh
ich hatte selten so nen bösen tag
und selten je nen guten tag

naja, zumindest lang nicht mehr
also: glotz nicht!“
bitte sehr (fügte ich in gedanken zu)
„bitte, lass mir grad die ruh“

als wüsste er, was ich ihm plante
als säh er klar mit glasgem blick
als schrieb er gern statt meiner sein stück
als ob er gar, was ich nicht, ahnte.

(ad spectatores)

kennt ihr den ares? – den gott? – ja. – eher schlecht
– das ist nicht zufall. vielleicht ungerecht.
man zollte wohl von alters her, noch vor dem altertume
dem großen traker zu land und meer, bei den mykenern
ruhme:

dem ewig erhabenem, an ambrosia sich labenden
in rosen gebetteten, an triebe geketteten
verführer und krieger, des hungers besieger
dem manneskräftigen, immer geschäftigen
bezwinger der holden leiblichen zeit.
da fielen titanen, nach ruhigeren bahnen
schlingert die welt heut. man tauscht sich für geld heut
glaubt klarere götter denn beben und wetter
glaubt schaffende alter, schicksals gestalter!

ares, freund den tieren, wusstest dich zu produzieren
noch auf eisnerm thron
o das göttern vergönnt nicht ist elysion!

ich sah ihn gestern so: beim arbeitsamt
grimmen, leeren blickes, und die rechte hand
zur faust geballt. ich jubiliert: so hab ich
ihn erfunden. hab ihn streng in vers gebunden.
er sehnig hart, und faltig das gesicht
ein denkmal zähen fleischgewichts.
er ist so einer: höhlengeboren. ich
entriss sein bild den moiren. unter
späten römern würd mir vor ihm bang
sagt mancher nicht, wir seien solche?
ich zähm ihn doch,
mit zarter worte klang. mich dünkt
allein
er hört mich
kaum.

neues narrenschiff

von enten zerfleischt
          treibt sie dem ufer zu
ein morscher kahn, von moos bewachsen
und gestank steigt von verfaulten zähnen auf.
          und feine daunen tanzen
          um schwere, breite nüstern
          kitzeln ein totes niesen
rasselnd aus dem trommelhohl geblähten bauch.
ausgefranste lippen, blau, schlucken wasser, schlamm
und tote frösche
himmel. den blick zuletzt auch.

          der, von feuchter schwärze angezogen
bettet sich in samt, in seide
in heimlich weichen gallensaft, zwischen
verstaubten rippen.
          schlangen bewohnen
den erschlafften schlund.
          maden verlustigen sich genüsslich
          am evasapfel.
          statt des magens ein rattennest.
knastvögel klopfen an den nieren steine
          und die leber: ein massiver pudding
          der kobolde nährt.
eine multitüde blinder passagiere, engel, träume, geis-
ter, und komplexe. ein bekiffter pavian
reibt sich den arsch
am algengrünen brustbein wund.
schwertscharf gar steckt ein geschwätziger Pierrot
                                        sein lächeln durch
                                                  die Scheide.

schon halb teil der schattenwelt, bleibt der aus sturheit
ans dasein gebunden
erinnerung an ein ende, das niemand kommen sah.
tun ohne wert, schöpfer ohne werk, werk verdrängter,
müßger stunden. hänschen halbgar.
persikopgleich den schwanz in die höh´ gestreckt
spülte es geist nach drunten,
wo ihm welt wahrer: und reiner und klar
hat sogar bild und ton passend dazu erfunden.
und kobolde, ratten, und puddingspeisen
wiegen sich wahnhaft im takt
schlangen ringeln gewandt sich um zahlenreihen
bazillen tanzen im dünndarmtrakt
haschischrauchende hunde husten hurra!
und eine schwarzrote wespe summt: der mai ist da!

„von haus zu haus
tag ein, tag aus
strömt leichenschmaus
durch urinale“

„ins weltenmeer
applaus applaus
und dank auch
viele male“

„so zehren wir
von dir und dir
ami, kommie
bengale“

„vom müll der welt
tag ein tag aus
wir: internationale.“

von enten zerfleischt
treibt sie dem ufer zu,
ein morscher kahn, von moos bewachsen
und gestank steigt von verfaulten zähnen auf.
und kalte wellen plätschern
um aufgeschwemmte poren
vereinigen hautfetzen mit wiesengrund.
möwen kreisen gierig und durchstoßen schweren nebel.
reste von hirnmasse
kleben an kaltnassen
steinen

wie einen grad entseelten elefanten hebt es den körper
aus dem wasser. unter geilem stöhnen
zerrt eine gruppe sommerfrischler an
baumstammschweren beinen.

tod, stellt ein polizist in monotonem singsang fest
totot, totot
eine erscheinung, deren stirn im halbdunkeln leuchtet,
nickt. ein
arzt vielleicht, ein heiliger, oder ein bergarbeiter.

asche zu asche, sein zu schlick, murmelt andächtig
eine betrunkene priesterin.

es ist zum weinen.

vor achtzig jahren hätte mancher schiffer dieses wrack
noch all zu
gern geflickt

verheißung rottet unter vogelkot.
totot, totot

bald schließt sich die erde, bald verwittert der sarg.
die see kippt. und knöcherne augenhöhlen sehen klar.

„sie ist gerichtet" – „ ist gerettet"

ein schöner mist, grummelt Pierrot, als man ihm haus,
boot,
paradies zur letzten ruhe bettet
wir waren auch noch da!

und er entschläft, träumt bis zum jüngsten tag.

von enten zerfleischt
trieb sie dem ufer zu
ein morscher kahn, von moos bewachsen
und gestank stieg von verfaulten zähnen auf.

umkreisung. ein klagelied

I

meine zart gegliederten moirenfinger
meine feuchten zitternden hermes lippen
und o auch mein stygischer mund, so voller geruch
– und euer attisch abschätzend blicken –
mein vermächtnis.
mein erinyenbuch

ich bin
ich bin ein alter
ich bin – bin

eine zeit

ich bin das licht, und träume mich: den falter
der räume, ich bin kreis, bin
ohne halt hier, und ich bin verwunden: mein
gedächtnis

ich bin
noch nicht
so weit.

ist alle welt abitten nur – abbitten und gesuch?

ich bin
ein alter
eine zeit

II

nun sieh die zeiger hecheln ihre götter runde
sie machen breit sich, fächern und sie treffen
wieder zusammen, manches mal. ein urteilsspruch

der reckt sich und der schattet jene ganze zahl
vom blick des himmels ab, der heiligen rotunde
und all luzides schaun ist nicht genug –

– den zu erschreiben, der dem werk zu grunde
liegt, und der sich birgt in klagen und in küssen
du bist, mensch, bist doch deines dasein wunde

und tod geweiht; und schlimmer: wissen
ist alles all sublimes und arkanes
ist alle welt gedächtnis und gesuch?

– ich bin zeit. ich bin ein alter –

III

– und, wund, wund –
ja wund ist die erde auch, vulkane
sind wunder. und erhebend berge, o
wie die tiefe erhaben sein kann! gedenket
des schmiedes, des klumpigen schmiedes
des goldenen klumpen schmiedes im berge. ätna,
chirica
bamavant, bazman, vesuv. flut die dies schuf, klingt
o wie die liebe, lateinisch. o hephaistos, rot heißer
hammer
o typhon o typhon, dein tobend ander
ich fühle mit beiden, euch, denn ich bin

und weil ich bin webt man ein netz, mich zu binden,
und
von allem zu bannen mich, was geschlecht ist. (oder
webte hephaistos, du rot heißer hammer
ich typhon o typhon, dein tobend ander
nicht selbst das netz meinem andern)?
ja: wund ist die erde, vulkane sind wunder
ja: wund ist die erde, wunden sind wandrer
ja: ich bin ein alter, meine zeit

IV

läuft ab. kaum eine sekunde
heißts zählen wir menschen.
kaum davon den tausendsten
teil, was gerecht ist.

ich bin ein alter
eine zeit

ein bruch. ich dauer
ist alle welt abbitte nur, gesuch?
ist alles streben nimmer endend königs leichentuch?

ich bin
ich bin ein alter
ich bin – bin
eine zeit

ich bin das licht, ich bin der räume
falter. ich träume nicht. sag

bin ich falsch hier?
bin verwunden?

bin?
gedächtnis

und meine lüstern langenden moirenfinger
meine ausgetrockneten hermeslippen
und o auch mein stygischer mund, so voller staubig
geruch
– und euer attisch einleibend blicken –
mein erinyenbuch?

wer wird es lesen, das ich schreibe
nie.

gespräch über bäume

how high's the water, mama?
– two feet high and risin'

how high's the water, papa?
– she said its two feet high and risin' ...

ins plätschern, gezwitscher, hohles gelächter
schleifenden schleifenden schrittes.

die feuchten stiefel, die kalten zehen
furchige stirnen wie gletscher
und scheinen, scheinen die sterne nicht

fern? und leise! die sonne ...

how high's the water, mama?
– three feet high and risin'

how high's the water, papa?
– she said its three feet high and risin' ...

... die sonne tiefrot überm walde.

und der kalte, kalte winter, er schleicht
schon in lüstern ungebührlicher weise
über die hügel und nachtblauen wiesen
er hat den flüsternden weinstock umwunden
die herbstdustgilbenden lauben.

und glauben –
rostrot
glauben, schau
der brüchige fünfstrahlge stern
das altmorsche blatt und der blutende tropf
der wissende fuchs lugt aus dem bau
listigen? – zitternden augs

und das geheul in umhauseten straßen
und das rebblut im glase
und etwas sommer im kopf

noch einmal.

plätschern, gezwitscher, hohles gelächter
fort nur, schleifenden schrittes ...

how high's the water, mama?
– four feet high and risin'

how high's the water, papa?
– she said its four feet high and risin' ...

... und ihr ginget selbdritt durch den abend.

wahrlich, wir leben in glühenden zeiten
die sich in sumpfenden bergen
die hinter blühenden werken
goldblätternde lichte bestreiten

oh, wie fliehen die kargen
nach den kärgeren weiden

die sie den harmvollen neiden
ärgere streiter, den argen

bleibt kein gedicht
kein lied
kein tanz

der dieb
im glanz.
mehr nicht

– she said its four feet high and risin' …

o geist, der vermeint …
… ihr trostlose musen,
genugsamer gott am tiber …

… o himmlischer busen
wallender thau
ihr ginget selbdritt durch den abend.

we hold these truths …
doch – gaukel, in wachs.

… wir schluckten den pfaffen …
… wir zählen die mandeln …
ihr ginget selbdritt durch den abend.

… die taten, tage
geplätscher
das wort …

four feet high ...

... nehmt abschied brüder ...
gezwitscher.

these fragments i have shored ...

how high's the water, mama?
– five feet high and risin'

how high's the water, papa?
– she said its five feet high and risin' ...

... five feet high and risin'.

Anm.: Zitate kursiv aus: Johnny Cash, „Five Feet High and Rising" (Album: Five Feet High and Rising, Columbia 1974). Des Weiteren wurden Fragmente aus gut 3000 Jahren Literaturgeschichte innerhalb dieses Textes „geremixed".

Der Autor

Sören Heim ist freier Journalist, Übersetzer und Schriftsteller. Heim ist unter anderem Träger des kosovarischen Preises für moderne Dichtung Pena e Anton Pashkut (Stift des Anton Pashku), des Sonderpreises „Favorit von Daniel Glattauer" der art.experience 2014, und des Kunstförderpreises der Stadt Bingen 2015.

Inhalt

wir wölfe – Gedichte
Eine poetische Hommage an unsere Tierwelt
Anthologie, Hrsg. Franziska Röchter
Mit Fotos von Heike Großmann und Christine Zeides
chiliverlag, Juli 2016, ISBN 978-3-943292-45-9
148 Seiten, Euro 9,90

Annähernd 60 Autorinnen und Autoren, unter ihnen Michael Starcke, Peter Ettl, Esther Ackermann, Thomas Rackwitz, Sören Heim, dichten über die Vielfalt und den Artenreichtum unserer Tierwelt. Aus den Gedichten und den Fotos von Heike Großmann und Christine Zeides spricht eine große Wertschätzung gegenüber Tieren und ein Erkennen ihrer unglaublichen Einzigartigkeit sowie Bewunderung ihrer Schönheit.

Mal humorvoll, zunehmend aber auch ernsthaft werden Besonderheiten einiger Tierarten und Wissenswertes poetisch beleuchtet und ihr Dasein in Relation zum Menschen bespiegelt. Mit Gedichten des Anfang 2016 verstorbenen Bochumer Lyrikers Michael Starcke.

Pappalappa Mirzapan – Gedichte für besondere Kinder
Anthologie, Hrsg. Franziska Röchter
Mit einem Nachwort von Bernhard Winter
chiliverlag, November 2016, ISBN 978-3-943292-49-7
80 Seiten, 8,90 Euro

Rund 35 Autorinnen und Autoren, unter ihnen Alex Dreppec, Bernhard Winter, Jürgen Völkert-Marten, Elisabeth Drab u. v. m. schreiben Gedichte für ganz besondere Kinder.

Dieses ganz besondere Büchlein gibt Eltern Gedichte an die Hand, um ein Sprachverständnis selbst bei denjenigen Kindern und Jugendlichen zu fördern, von denen man annimmt, sie hätten nicht die nötigen Voraussetzungen, um Gedichte zu verstehen. Ein wunderbarer Band zur spielerischen Unterstützung von Sprachanbahnung und -entwicklung bei Spezialkindern, aber ebenso bei allen anderen Kindern, die Klang, Rhythmus und Stimme genießen und an Versen und Reimen Spaß haben. Mit einem Nachwort von Bernhard Winter, psychologischer Psychotherapeut und Lyriker.

Alex Dreppec, Tanze mit Raketenschuhen – Dance with Rocket Shoes: Wissenschaftsgedichte – Science Slam Poetry chiliverlag, November 2016, ISBN 978-3-943292-50-3, 180 Seiten, 12,00 Euro

Die vorliegende Zusammenstellung von Gedichten, die sich mit wesentlichen Gebieten wissenschaftlicher Disziplinen beschäftigen, um diese durchaus humorvoll zu durchleuchten und zu hinterfragen, ist absolut einzigartig.

The present compilation of poetry, which is about essential fields of academic and scientific disciplines in order to examine and question them in a humorous way, is absolutely unique.

Teile der vorliegenden zweisprachigen Sammlung erschienen vorab in angesehenen Zeitschriften wie „Cincinnati Review", „Notre Dame Review" (USA), „Orbis" (UK) oder „Das Gedicht". www.dreppec.de

Parts of the present bilingual collection were previously printed in renowned journals like „Cincinnati Review", „Notre Dame Review" (USA), „Orbis" (UK) or „Das Gedicht" (Germany). www.dreppec.de